Wolf Langecker

Ist effektive Klimaschutzpolitik überhaupt möglich?

GRIN Verlag

Impressum:

Copyright © 2008 GRIN Verlag GmbH
Druck und Bindung: Books on Demand GmbH, Norderstedt Germany
ISBN: 978-3-640-81593-7

Dieses Buch bei GRIN:

http://www.grin.com/de/e-book/113728/ist-effektive-klimaschutzpolitik-ueberhaupt-moeglich

GRIN - Your knowledge has value

Der GRIN Verlag publiziert seit 1998 wissenschaftliche Arbeiten von Studenten, Hochschullehrern und anderen Akademikern als eBook und gedrucktes Buch. Die Verlagswebsite www.grin.com ist die ideale Plattform zur Veröffentlichung von Hausarbeiten, Abschlussarbeiten, wissenschaftlichen Aufsätzen, Dissertationen und Fachbüchern.

Besuchen Sie uns im Internet:

http://www.grin.com/

http://www.facebook.com/grincom

http://www.twitter.com/grin_com

Freie Universität Berlin,

Otto-Suhr-Institut für Politikwissenschaften

HS 15267- Praxis der Klimaschutzpolitik- Differenz zwischen Theorie und
Realität,

Dozenten/innen:

BA Sozialkunde/Mathematik (Lehramt)

Ist effektive Klimaschutzpolitik überhaupt möglich?

Inhaltsverzeichnis

1.Einleitung

Der Klimawandel gilt als eine der größten Herausforderungen und der Bedrohungen der Menschheit1, bedrohlicher gar als Terrorismus und Kriege, denn es betrifft uns letztendlich alle. Dem Klimawandel kann sich niemand entziehen und er findet statt2. Das Zeitfenster zum Handeln wird immer kleiner. So berechnete das Intergovernmental Panel on Climate Change (IPCC) 19903 , dass die gesamte Menschheit ihren Ausstoß von Kohlendioxid um sechzig Prozent, von Methan um fünfzehn bis zwanzig Prozent, von Stickoxiden um siebzig bis achtzig Prozent und von halogenierten Kohlenwasserstoffen um achtzig Prozent begrenzen müsste, um noch stabile Klimaverhältnisse auf der Erde gewährleisten zu können. Lange Zeit schien sich jedoch niemand für dieses Problem zu interessieren, oder die Theorie vom Klimawandel wurde als neumodischer "Firlefanz" abgetan. Erst in den letzten drei Jahrzehnten begann der Aufstieg eines anfänglich noch stiefmütterlich behandelten Problems zum politisch weltweit meist diskutierten und wissenschaftlich teilweise umstrittensten Thema4, es handelt sich um das Thema des Treibhauseffektes, ausgelöst durch den enormen Ausstoß von CO2. Dass das Thema erst seit einer relativ kurzen Zeitspanne diskutiert wird, soll aber nicht über die Tatsache hinwegtäuschen, dass der so genannte Treibhauseffekt schon seit ca. 200 Jahren ein bekanntes Phänomen ist. Schon der französische Physiker Fourier vermutete 1827 einen wärmenden atmosphärischen Effekt, der die Erde "wärmer hält, als sie sonst wäre„.5 Basierend auf dieser logisch leicht nachzuvollziehenden Vermutung wurden in den folgenden Jahrzehnten von zahlreichen Physikern neue Erkenntnisse entdeckt und auch experimentell zum größten Teil

1 vgl. Schwartz, Peter und Doug Randall (2003): An Abrupt Climate Change Scenario and Its Implications for United States National Security, Studie im Auftrag des US-Verteidigungsministeriums, download:

http://www.greenpeace.org/raw/content/international/press/reports/an-abrupt-climate-change-scena.pdf

2 vgl. IPCCC : http://www.grida.no/climate/ipcc_tar/wg2/005.htm

3 IPCC (1990): Climate Change: The IPCC Scientific Assessment, Cambridge University Press

4 Global 2000 (o.J.a), S.1

5 Fourier 1827: MEMOIRE sur les temperatures du globe terrestre et des espaces planetares, http://www.wmconnolley.org.uk/sci/fourier_1827/fourier_1827.html

bewiesen. Die vielleicht wichtigste Erkenntnis war, dass es Gase gibt, die mehr Wärme speichern und die Atmosphäre aufheizen können, wie z.B. Kohlenstoffdioxid. Die ersten Untersuchungen in dieser Richtung stammen vom irischen Physiker John Tyndall aus dem Jahre 1865.[6]

Es folgten weiter Jahre der Grundlagenforschung bis der US-amerikanische Ozeanograph Roger Revelle als einer der ersten Wissenschaftler im Jahr 1957 schließlich vor einem GLOBAL WARMING in Zusammenhang mit Kohlenstoff-Dioxid warnte. Diese Warnung war allerdings wieder nur der Anlass für weitere Forschungen und Studien. Erst 1972 wurde das zunächst unter Wissenschaftlern diskutierte Problem auch zu einem politischen Thema. Diverse Konferenzen wurden seitdem abgehalten, angefangen bei der Weltklima-Konferenz 1979 in Genf, 1992 in Rio, und schließlich 2008 auf der Indonesischen Insel Bali, um nur einige zu nennen. Etwa 900 Übereinkommen zum Umweltschutz wurden gezählt, davon ca. 400 regionale und multilaterale[7]. Doch was waren die Ergebnisse der Konferenzen und Übereinkommen?

Diese Frage zu beantworten ist ein Bestandteil dieser Arbeit, ebenso wie die Frage, ob diese Ergebnisse zu einer effektiven Bekämpfung des Klimawandel beizutragen in der Lage sind. Den Anfang bildet die Klärung, was unter effektivem Klimaschutz und effektiver Klimaschutzpolitik zu verstehen ist, und was die Ziele der Klimaschutzpolitik sind. Zur Beantwortung dieser Fragen werden die Hintergründe und Ergebnisse der Konferenzen von Kioto sowie des auf der indonesischen Insel Bali stattgefundenen Klimakongresses dargestellt und auf Effektivität untersucht. Am Ende sollen jedoch nicht nur die Ergebnisse eine Rolle spielen, sondern auch die Frage, ob effektiver Klimaschutz und effektive Klimaschutzpolitik im heute existierenden System Internationaler Beziehungen, in dem die Staaten dominieren, (zumindest bei den Klimaverhandlungen), überhaupt möglich ist, unter Zuhilfenahme Ökonomie-theoretischer Ansätze.

2. Effektivität

---

6 s. "Wärme, eine Art der Bewegung", 2nd ed. p. 405 (London, 1865)

7 vgl. den Bericht des UN-Generalsekret☐s Kofi Annan: In larger freedom: towards development, security and human rights for all, UN Doc. A/59/2005 vom 21. M☐z 2005

Effektivität bezeichnet im politischen Bereich den Grad der Zielerreichung, d. h. das Ausmaß, in dem die Leistungen (Output) der zu untersuchenden Institution beziehungsweise des Akteurs die beabsichtigten Wirkungen (<u>Outcome</u>) erreichen. Wer ein Ziel anstrebt, stellt sich immer zuerst die Frage, wie er es erreichen kann. Mögliche Handlungsalternativen werden danach bewertet, ob sie zu dem gewünschten Ziel führen, ob sie im Sinne des gewünschten Ergebnisses wirksam sind. Effektiv ist demnach eine Handlungsalternative, die zu dem gewünschten Ziel führt. Die Überprüfung auf Effektivität hat einen höheren Stellenwert als eine Effizienzuntersuchung, da Handlungen in erster Linie wirksam im Sinne der Zielerreichung sein müssen . Ein Abkommen o. Ä. kann durchaus effizient sein und gleichzeitig zum falschen, beziehungsweise, zu einem ganz anderen Ziel führen, also ineffektiv sein. Aufgrund der vorangestellten Tatsachen ist es im Themen-bereich der Klimaschutzpolitik wichtig, die Effektivität zu untersuchen. Im Vordergrund steht, was getan wird, ohne dabei ausdrücklich auf die Art und Weise einzugehen, wie die angestrebten Ziele erreicht werden. Damit verfolgt die Effektivitätsbeurteilung eine auf das grundsätzliche Handeln ausgerichtete und damit eher langfristige Perspektive. Zusammenfassend lässt sich also sagen, dass das wichtigste bei einer Untersuchung auf Effektivität die Frage, ob das richtige getan wird um das gesteckte Ziel zu erreichen, ist. Die Untersuchung der Effektivität muss jedoch einer Fallunterscheidung unterzogen werden, denn Effektiver Klimaschutz ist nicht unbedingt gleichbedeutend mit effektiver Klimaschutzpolitik.

2.1.Effektiver Klimaschutz

Unter dem Begriff „effektiver Klimaschutz" firmiert alles, was dazu prinzipiell oder ganz speziell in der Lage ist, das Klima zu schützen. So umstritten wie das Thema eines durch den Menschen verursachten Klimawandels, ist auch die Frage, was genau denn nun die geeigneten Maßnahmen sind, um dem Klimawandel Einhalt zu gebieten. Zu den meistdiskutierten Maßnahmen gehört nicht nur die generelle CO2-Reduktion, sondern auch das sog., allerdings kaum erforschte Carbon-Capture-Verfahren, bei welchem CO_2 in Gesteinen u. Ä. gespeichert werden soll. Weiterhin wären zu nennen:

- Effizienzsteigerungen bei der Energienutzung, vor allem mit besserer Gebäudedämmung und sparsameren Geräten, Maschinen und Fahrzeugen;
- Effizienzsteigerungen bei der Energieversorgung, vor allem mit Modernen Kraftwerken und der Kraft-Wärme-Kopplung;
- Brennstoffwechsel: erneuerbare Energien und Erdgas statt Kohle und Öl („Fuel switch"). Der IPCC geht davon aus, dass erneuerbare Energien im Jahr 2030 mindestens einen Anteil von 30 bis 35 Prozent an der weltweiten Stromversorgung haben können.

Die Bewertung, ob eine Maßnahme, die ergriffen wird, letztendlich effektiv ist, d.h. einen signifikant mildernden Einfluss auf den Klimawandel hat, oder diesen gar aufhalten kann, wird jedoch erst in mehreren Jahrzehnten von Naturwissenschaftlern vorgenommen werden können. Die Politikwissenschaft ist eher wenig dazu geeignet, eine Bewertung der Effektivität von Klima-schutz- Maßnahmen durchzuführen.

2.1.2. Effektive Klimaschutzpolitik

Die Frage, der sich die Politikwissenschaft im Bereich des Klimaschutzes widmen kann, ist nicht nur, welcher Weg eingeschlagen werden kann, um die Maßnahmen umzusetzen, sondern auch wie es möglich gemacht werden kann, bzw. warum es schwierig ist diese Maßnahmen global umzusetzen. In den Internationalen Verhandlungen der Klimaschutzpolitik geht es dann auch weniger um die Frage, was man unternehmen soll, sondern wie und in welchem Maße. Die Effektivität von Klimaschutzpolitik lässt sich allerdings ähnlich schwer messen, wie die Effektivität von Klimaschutz-Maßnahmen. Letztlich geht es bei der internationalen Klimaschutzpolitik auch darum, die Lasten, die aus den Maßnahmen resultieren, bzw. die zur Durchsetzung der Maßnahmen zu Tragen nötig sind, gleichmäßig, wenn nicht sogar dem Verursacherprinzip nach, auf alle Schultern zu verteilen, denn wenn der Klimawandel uns alle betrifft, so sollte dies auch für den Klimaschutz gelten.

Bevor wir uns letztendlich der Frage widmen, inwiefern bzw. ob effektive Klimaschutzpolitik im heute existierenden System der internationalen Beziehungen überhaupt möglich ist, müssen wir die Ziele und Ergebnisse der „großen"8 Klimakonferenzen etwas genauer beleuchten, vor allem hinsichtlich der Frage, ob die sich die Ziele in den Ergebnissen wieder finden lassen. Je effektiver die in den Klimaschutz-Verhandlungen betriebene Klimaschutzpolitik war, desto stärker müssten sich die Ziele nicht nur in den Ergebnissen wieder finden lassen, sondern auch zu Klimaschutzmaßnahmen führen.

3. Die großen Klima-Konferenzen und ihre Ergebnisse

Seit der ersten Klimakonferenz 1979 in Genf fanden zahlreiche Konferenzen. Diese Konferenzen hatten nicht nur den Klimawandel und seine Folgen sondern auch die Möglichkeiten zur Verhinderung und Eindämmung zum Thema. Aus dieser Vielzahl von Konferenzen werden im folgenden jedoch nur zwei besonders hervorgestellt, die Konferenz von Kyoto und von Bali. Die Konferenz von Kyoto und das so genannte Kyoto-Protokoll spielen eine so herausragende Rolle, auch bei den Verhandlungen auf Bali, dass es einer genaueren Untersuchung bedarf. Aufgrund der Aktualität wird auch die Konferenz auf der indonesischen Insel Bali untersucht.

3.1. Die Konferenz von Kioto - Hintergründe und Ziele

Mehr als 10000 Teilnehmer strömten im Jahr 1997 in die japanische Stadt Kyoto. Die dritte Konferenz der Staaten, die in Rio die Klimarahmenkonvention verabschiedet haben statt nahm ihren Anfang. Zu den Teilnehmern gehörten u.a. die Repräsentanten der 167 Vertragsstaaten, von zwischenstaatlichen Institutionen und nicht-staatlichen Organisationen sowie unzählige Journalisten vor deren Kameras und Schreibblöcken allein 125 Minister ihre Statements abgaben. Nach acht Vorbereitungssitzungen der Ad-hoc-Gruppe zum Berliner Mandat, zahlreichen Berichten von Unter-ausschüssen und Organisationen sowie gut einer Woche intensiver Verhandlungen im

---

8 die „Größe" bezieht sich auf den Stellenwert innerhalb des Aufmerksamkeitslevels der Öffentlichkeit

Committee of the Whole - einschließlich einer langen Nachtsitzung - nahmen die Vertragsstaaten am 11. Dezember 1997 einstimmig ein Instrument zur Umsetzung der Klimarahmenkonvention an: das so genannte Kioto-Protokoll. Diese Konferenz und das Ergebnis sollte ein wichtiger Schritt weiter in Richtung Klimaschutz sein. Sie hatte zum Ziel den Klimawandel durch die Verabschiedung internationaler Vereinbarungen aufzuhalten oder gar zu verhindern.

3.1.2 Kioto Protokoll[9]

Diese dritte Vertragsstaatenkonferenz wurde nach langen Verhandlungen mit dem so genannten Kyoto-Protokoll abgeschlossen.

Die Vereinbarungen beinhalteten u. A. , dass der Ausstoß der sechs wichtigsten Treibhausgase reduziert werden soll, so dass er bis 2012 um 5,2 Prozent unter dem Wert von 1990 liegt. Einen Teil dieser Verpflichtung können die Industrieländer über so genannte "flexible Mechanismen" erfüllen. Diese „flexiblen Mechanismen" umfassen unter anderem den Handel mit Emissionsrechten unter Industrieländern: Stößt ein Land weniger klimaschädliche Gase aus, als vereinbart, kann es diese "Einsparung" einem anderen Land verkaufen, das zu viel emittiert. Zu den weiteren Maßnahmen beziehungsweise eingeführten Mechanismen gehören:

-"Joint Implementation": Trägt ein Industrieland zur Minderung der
 Emissionen der Treibhausgase in einem anderen Land bei, so kann es
 dies als Einsparung auf seine eigenen Emissionen anrechnen lassen.

-"Clean Development Mechanism (CDM)": Die verstärkte Nutzung
 erneuerbarer Energien oder die Einführung umweltfreundlicher
 Transportsysteme können Emissionen mindern. Werden solche Vorhaben
 in einem Entwicklungsland realisiert und geht die Finanzierung über die
 Entwicklungszusammenarbeit hinaus, kann dies auf die
 Emissionsverpflichtungen der Industrieländer angerechnet werden.

Entwicklungspolitische Projekte, die eine, das Klima schützende Wirkung entfalten können, gehören ebenso zum CDM, wie beispielsweise die Aufforstung von Wald- und Regenwaldgebieten. Diese Regelungen sollen die

9 http://www.bmz.de/de/themen/umwelt/hintergrund/umweltpolitik/kyoto-protokoll.pdf

Entwicklungsländer bei ihrer nachhaltigen Entwicklung unterstützen und zugleich die Industrieländer bei der Erreichung ihrer Emissionsziele helfen. Das Kyoto-Protokoll trat am 16. Februar 2005 in Kraft, und galt als das umfassendste Umweltabkommen das bisher unterzeichnet wurde, mit Auswirkungen auf alle Wirtschaftsbereiche. Abgesehen von vier Industriestaaten haben bis 2007 alle an der Kyoto-Konferenz beteiligten Nationen das internationale Dokument zum Klimaschutz ratifiziert. Abgesehen von den Vereinigten Staaten gehörten Australien, Lichtenstein und Monaco zu den Nichtunterzeichnern. Eines der wichtigsten Industrieländer, nämlich die USA waren nicht mit im Boot. Die Gruppe der Entwicklungsländer, darunter die stark wachsenden Länder Brasilien, China und Indien gehören zu den Vertragsstaaten des Protokolls, haben jedoch weder große Reduktionsmaßnahmen angekündigt, noch wurden sie zur Reduktion ihrer Emissionen verpflichtet .

Durch das Kyoto-Protokoll kam es also zur Entwicklung von Mechanismen, die Maßnahmen, die zum Schutz des weltweiten Klimas beitragen können, zur Durchsetzung verhelfen sollen, ebenso einigte man sich darauf dass man Reduktionsziele benötigte, einige wurden, wenn auch nicht rechtlich bindend, festgehalten.10 Das Problematische Moment des Kyoto-Protokolls ist, dass wichtige Länder wie die USA, China, das als Werkbank der Welt gilt, und Indien gehörten entweder nicht zu den Unterzeichnern, bzw. haben dieses Protokoll nicht ratifiziert oder müssen gar keine Emissionsverpflichtungen erfüllen. Dieses Protokoll kann somit als das Produkt ineffektiver Klimaschutzpolitik bezeichnet werden. So wegweisend die eingeführten Mechanismen auch sein mögen, wenn nicht jedes Land der Erde seinen Beitrag zu leisten bereit ist, bzw. dazu verpflichtet ist, vor allem, wenn diese zu den Klimasündern gehören, ist es schwer andere Länder von der Durchführung von Maßnahmen zu überzeugen. Das Produkt dieser Klimaschutzpolitik kann letztendlich dazu führen, dass das ganze Projekt gefährdet ist, der Effekt also gegen null konvergiert, vor allem da :"

Eine Vertragspartei jederzeit nach Ablauf von drei Jahren nach dem Zeitpunkt, zu dem dieses Protokoll für sie in Kraft getreten ist, durch eine an den Verwahrer gerichtete schriftliche Notifikation von dem Protokoll

---

10 vgl. z.B. Frankfurter Rundschau 24.10.1997, Nr. 247, 7 ; Die Zeit 17.10.1997, Nr. 43, 23ff.

zurücktreten kann". Diese Hintertüren sind es auch, die das Ergebnis weiter verwässern und die Verhandlungen in Kyoto letztlich zu ineffektiver, wenn nicht sogar symbolischer Politik verkommen lassen.

Im Jahr 2008,fast drei Jahre nach Inkrafttreten des Kyoto-Protokolls gab es eine neue - in der Öffentlichkeit ganz genau verfolgte - Chance, etwas an dieser Situation zu ändern, und für alle verpflichtende Maßnahmen und Reduktionsziele zu beschießen.

3.2. Die Konferenz von Bali - Hintergründe und Ziele

Im Dezember 2007 fand auf der indonesischen Insel die nächste Mega-Konferenz statt in dessen Verlauf nicht mehr nur die untergeordneten Beamten, sondern die Minister der dort vertretenen Länder zusammenkamen Sie sollen sicherstellen, dass möglichst bis zum Jahr 2009 ein Nachfolge-abkommen für das Kyoto-Protokoll zustande kommt. Auch bei dieser Konferenz gab es über 100000 Teilnehmer, inklusive der Teilnehmer von 187 Staaten, beobachtet von Vertretern zwischenstaatlicher und nicht-staatlicher Organisiationen, ebenso war das Medieninteresse riesig, weit größer als z.B. noch in Kyoto.

3.2.1. Ergebnisse von Bali

Die Darstellung sämtlicher Einzelergebnisse des Klimagipfels von Bali würde den Rahmen dieser Arbeit mehr als sprengen, so dass es genügen muss, die wichtigsten Ergebnisse, zu betrachten. Zu einem Themengebiet gab es jedoch kein genaues Ergebnis es betraf den Reduktionsrahmen: Im Bali-Schlussdokument finden sich keine konkreten Zahlen, es wird lediglich auf bestimmte Seiten des Berichts der Wissenschaftler der UNO verwiesen. Das Verhandlungsmandat spricht von "starken Senkungen" der Emissionen. Vor allem die EU war jedoch dafür eingetreten, einen konkreten Rahmen für Reduktionen der Industriestaaten bis 2020 festzulegen. Den Empfehlungen der UN-Wissenschaftler (IPCC) folgend, soll dieser 25 bis 40 Prozent für die Industriestaaten betragen (bezogen auf das Jahr 1990) , wie dies auch in der Vorbereitungsrunde in Wien vereinbart wurde. Nur innerhalb dieser Bandbreite kann nach Ansicht der Wissenschaft die Erderwärmung jedoch unter dem kritischen Anstieg von zwei Grad Celsius gehalten werden.

Der beschlossene Adaptionsfonds [ca. 500 Mio. Dollar (345 Mio. Euro)] soll für Anpassungsmaßnahmen gegen den Klimawandel in ärmeren Ländern verwendet werden. Finanziert wird dieser aus einer zweiprozentigen Abgabe auf die so genannten Clean Development Mechanism (CDM)-Geschäfte. Je mehr dieser Projekte abgewickelt werden, desto mehr Geld wird fließen.

Der von den Entwicklungsländern geforderte Technologietransfer, welcher die Einführung sog. grüner Technologien unterstützen war ebenfalls Thema der Verhandlungen. Die Forderungen an die Industriestaaten, Patente nicht nur zu kaufen, sondern auch den ärmeren Ländern kostenfrei zur Verfügung zu stellen, produzierten massiven Widerstand, auch von der EU. Es wurden lediglich „strategische Prognosen" für die Zukunft festgelegt, konkrete Programme sollen noch erstellt werden, erst bis 2009 wird das Thema noch genauer ausgearbeitet sein. Künftig soll auch die Erhaltung der Wälder in die CO_2-Bilanz eines Landes einfließen. Dieser Punkt war vor allem von den Regenwald-Staaten forciert worden. Dazu wird es zunächst Pilotprojekte geben, um die Anrechnung zu erproben und nach 2012 soll dieser Mechanismus endlich Realität werden. Das Bali-Schlussdokument bleibt damit somit weit hinter den Erwartungen und den selbst gesteckten Zielen zurück. Bedenklich ist vor allem, dass die von der Klimawissenschaft vorgegebenen notwendigen Reduktionsraten nicht im Hauptdokument aufgenommen wurden. Beschlossen wurde zwar ein Technologietransfer in die armen Länder, genaue Einzelheiten wurden jedoch nicht weiter festgelegt. Gerade an diesem Punkt sollten die Industrieländer ihre Anstrengungen massiv intensivieren und verstärken um die verlorenem Glaubwürdigkeit gegenüber den ärmsten Ländern der Erde wieder-herzustellen. 500 Mio. Dollar für den Anpassungsfond sind jedoch lediglich „Peanuts". Die finanziellen Mittel reichen bei weitem nicht aus. Nach dem UN-Bericht über die menschliche Entwicklung 2007/2008 werden mindestens 40 Milliarden Dollar jährlich für die Bekämpfung von durch die Erderwärmung ausgelöster Armut benötigt. Dazu kommen zwei Milliarden Dollar für Katastrophenhilfe. Im Großen und Ganzen kam es nicht zur Verabschiedung eines neuen Klimaabkommens, dies wird für 2009 angepeilt. Das Hauptergebnis von Bali ist der sog. Bali-action-plan, welcher mutig einen Weg zu neuen Instrumenten der Anpassung und Teilung der Risiken beschreitet. Des weiteren ist ein Ergebnis von Bali, dass nun Methoden zur Schaffung von Anreizstrukturen, sowie Risikomanagement sowie Risikoteilungs- und -transfermechanismen verhandelt werden sollen. (BAP, ci). Es ist jedoch nicht gelungen, die zumindest von den Kyoto-Staaten als Verhandlungsrahmen akzeptierten Zahlen in rechtlich verbindliche Ziele zur Reduktion der CO_2-Emissionen der Industrieländer umzusetzen, obwohl dies dringend nötig wäre. Wie soll denn der Klimawandel letztendlich aufgehalten werden, wenn die wichtigste und effektivste Maßnahme, nämlich die Verringerung der klimaschädlichen Gase nicht ergriffen wird? Während immer mehr Staaten auch heute schon heftig durch den Klimawandel betroffen sind[11], wird nicht daran gearbeitet, diesen durch verbindliche Reduktionsziele oder mit guten finanziellen Mitteln Ausgestattete Programme diese Risiken zu minimieren, es werden eher die Symptome, den die Krankheit angegangen. Wenn trotz der Erkenntnis, dass der Klimawandel stattfindet und den Staaten schadet, nichts passiert, muss es Gründe geben, die die Maßnahmen und deren Umsetzung verhindern. Im folgenden wird deshalb die Problematik der Klimaschutzpolitik im System der internationalen Beziehungen unter Zuhilfenahme ökonomischer Theorieansätze näher untersucht, was die Frage beantworten soll, woran es denn liegen könnte, dass die internationale Klimaschutzpolitik nicht wirklich vorankommt und keine effektive Wirkungen entfalten kann, es sich also letztendlich um ineffektive Klimaschutzpolitik handelt.

4. Problematik der Klimaschutzpolitik im System der Internationalen Beziehungen

Die Kooperation souveräner Staaten im Bereich der Klimaschutzpolitik ist mit schwerwiegenden Anreizproblemen belastet, weil es letztendlich darum geht, auf freiwilliger Basis ein öffentliches Gut nämlich „Klimaschutz"[12] zu produzieren. Denn Maßnahmen, die dem Schutz des Klimas dienen sollen,

---

11 siehe hierzu auch die Ergebnisse des von Germanwatch herausgegebenen Globalen Klima-Risiko-Index. http://www.germanwatch.org/klima/kri.htm
12 vgl. David B. Truman Sebaldt, M. (2006). *Klassiker der Verbändeforschung*. Wiesbaden: VS, Verl. für Sozialwiss. S.66f

die in einem Land durchgeführt werden, kommen aufgrund der Tatsache, dass es sich bei Treibhausgasen um Schadstoffe handelt, die sich, wenn auch in relativ großen Zeiträumen, gleichmäßig in der Erdatmosphäre verteilen, auch anderen Ländern zugute. Der Beitrag eines einzelnen Landes hat jedoch, bezogen auf die gesamte Atmosphäre, einen sehr marginalen Einfluss auf das Klima der Erde. Die substantielle Reduktion des CO_2-Austoßes nur eines Industrielandes wie z.B. Deutschlands, wäre lediglich ein Tropfen auf den heißen Stein, doch bedarf es vieler Tropfen um den Stein zu kühlen. Es bedarf also des Beitrags vieler Staaten, auch oder vor allem ein Beitrag der großen Industrienationen, die zu den größten CO_2-Emittenten gehören, zur Emissionsminderung. Einzelstaatliche CO_2-Reduktions-maßnahmen führen aber auch stets zu Anpassungskosten in den jeweiligen Staaten. Diese Anpassungskosten sind durchaus volkswirtschaftlich spürbar, können also die wirtschaftliche Entwicklung hemmen wenn nicht sogar begrenzen und somit innenpolitisch höchst umstritten sein sowie zu einer eventuellen Abwahl der Regierung führen. Sollten jedoch nur einige große „Klimaverschmutzer" ihre Emissionen klimaschädlicher Gase durch bi- oder eingeschränkt multilaterale Maßnahmen reduzieren, so könnten andere ökonomisch rational handelnde Staaten geneigt sein, keinen eigenen Beitrag zur Minderung der CO_2-Emissionen zu leisten. Dieser Vorgehensweise liegt die Logik zu Grunde, dass man einerseits von den Klimaschutzmaßnahmen profitiert, ohne selbst irgendwelche meist finanzielle Lasten tragen zu müssen, ein eigener Beitrag hätte eventuell nur einen geringen Einfluss auf die Erhöhung der nationalen Wohlfahrt, wäre jedoch mit volkswirtschaftlich spürbaren Kosten verbunden.

Diese Anreizsituationen beeinflussen alle Staaten, so dass das Problem besteht, dass alle Staaten ähnliche, wenn nicht gar identische Überlegungen anstellen. Dadurch kann es in den Verhandlungen häufig zu Pattsituationen kommen, in denen sich kein Staat bewegt und letztendlich wenig, schlimmstenfalls keine Klimaschutzmaßnahmen beschlossen, bzw. produziert werden. In dieser nahezu klassischen Dilemmasituation könnten sich alle Staaten durch Kooperation besser stellen, und damit dem Klimawandel Einhalt gebieten, doch besteht für einen einzelnen Staat kein Anreiz zu kooperativem Verhalten. Diese Situation kommt einem Marktversagen gleich, welches zur Folge hat, dass das von allen gewünschte öffentliche Gut, nämlich der Schutz des Klimas aufgrund des individuell rationalen Verhaltens, nicht produziert und bereitgestellt wird.

Während eine nationale Regierung jedoch prinzipiell in der Lage ist, diesem Marktversagen entgegenzutreten, sei es durch Steuervergünstigungen, generellen Umweltsteuern oder andern finanziellen Zwangsmaßnahmen und Belohnungsstrukturen, so ist dies auf internationaler Ebene nicht der Fall. Es existieren keinerlei Zwangsmaßnahmen auf internationaler Ebene, die dazu führen könnten, dass ein Land den Ausstoß klimaschädlicher Gase verringert, oder gar für die Nichteinhaltung beschlossener Maßnahmen zur Verantwortung gezogen werden kann. Abgesehen von der Tatsache, dass die Abkommen, die in den Klimaverhandlungen geschlossen werden, selten verbindliche Maßnahmen vorsehen, gibt es keine internationale Instanz, die wie auch immer geartete Zwangsmaßnahmen effektiv durchzusetzen in der Lage wäre. Eine Kooperation zwischen den souveränen Staaten, welche die Hauptakteure der Klimaverhandlungen sind, kann folglich nur auf freiwilliger Basis erfolgen. Es müssen also Anreizstrukturen geschaffen werden, die dem Anreiz, welcher stets besteht, Kooperationen nicht einzuhalten bzw. ein sog. Trittbrettfahrer zu sein, entgegenstehen. Entschädigungs- oder gar Strafzahlungen lassen sich aufgrund des angesprochenen Fehlens einer den souveränen Nationalstaaten übergeordneten Instanz, wie z.B. ein supranationales Schiedsgericht, nicht realisieren.

5. Fazit - Wege aus dem Dilemma der Ineffektiven Klimaschutzpolitik?

Rio, Berlin, Kyoto, Bali und viele andere Klimaschutzverhandlungen haben in den letzten 20 Jahren stattgefunden. Viel wurde verhandelt, das Problem, dass der Mensch einen nicht ganz unerheblichen Effekt auf das Klima hat, und dadurch unser Planeten in eine Klimakatastrophe hineingleitet, dessen Ende und Auswirkungen niemand absehen können wird, war dabei die vielleicht wichtigste Erkenntnis. Auch die Erkenntnis, dass man etwas tun müsse setzte sich in zähen Verhandlungen schließlich als „common-sense" durch, in dieser Hinsicht kann die Klimaschutzpolitik durchaus als effektive Politik bezeichnet werden, wenngleich diese Einsichten eher von NGOs wie z.B. Greenpeace u. A. forciert worden sind. Doch wenn es darum geht zu handeln, bzw. sich auf Handlungen zu einigen, hat die internationale Klimaschutzpolitik mit enormen Effektivitätsproblemen zu kämpfen, von etwaigen Problemen der Effizienz einmal abgesehen. Das Hauptproblem, dass die Effektivität behindert ist wie im letzten Abschnitt beschrieben das mangelhaft kooperative Verhalten der Staaten, ebenso wie das fehlen geeigneter Zwangsmaßnahmen bei Verstößen gegen Abkommen, sofern diese verbindliche Maßnahmen und Ziele beinhalten. Jedes Klimaschutzabkommen sollte aber auch „selbstdurchsetzend" (self-enforcing) sein, d.h. das Abkommen muss jedem Unterzeichnerstaat einen Anreiz geben, bzw. jeder Unterzeichner sollte einen Anreiz haben, sich an die im bekommen festgeschriebenen Verpflichtungen zu halten.

Ein denkbarer Weg, kooperatives Verhalten zu erzwingen, wäre die Verknüpfung von Klimaschutzpolitik mit anderen wirtschaftspolitischen Feldern wie zum Beispiel der internationalen Handelspolitik. Staaten hätten dann einen Anreiz, Emissionsminderungsverpflichtungen einzugehen und ihnen nachzukommen, wenn sie bei Zielverfehlung damit rechnen müssten, durch Nachteile bei Handels- oder Technologieabkommen bestraft zu werden. Eine solche Verknüpfung kann allerdings nur durch die einzelnen am Aushandlungsprozess beteiligten Staaten erfolgen, und ist in der momentanen Situation eher unwahrscheinlich und nicht zu beobachten. Dieses Vorgehen würde auch eher negative Anreizstrukturen schaffen, welche weniger wirksam sind als positive Anreizsysteme. Der Schaffung positiver Anreizstrukturen würden auch viel mehr Länder zustimmen, effektive Klimaschutzpolitik, also eine Politik, die das Ziel hat und auch zu Maßnahmen führt, den Klimawandel zu begrenzen, wäre wahrscheinlicher. Doch wie können solche positiven Anreizstrukturen aussehen? Zu den möglichen Anreizen können unter anderem Schuldenerlass bei Erfüllung der verbindlich festgelegten Reduktions-Verpflichtungen, Handelserleichterungen und natürlich ein Fonds, der die Kosten für die Reduktionsmaßnahmen reduzieren hilft. Klimaschutz muss belohnt werden und sich für jedes Land auszahlen, denn wenn Klimaschutz die Taschen leert ist die Wahrscheinlichkeit, dass ein Land Maßnahmen ergreift äußerst gering. Lohnen sich auszuführende Klimaschutzmaßnahmen jedoch finanziell, sei es durch Zahlungen eines

Fonds, Belohnungszahlungen, oder wie im Falle von Deutschland, in dem man die für die Erreichung festzuschreibender Reduktionsziele nötige Technologie entwickelt und vertreibt, so ist der Erfolg gewisser. Das System des Emissionshandels ist ein Weg in die richtige Richtung, denn wenn man die Einsparungen klimaschädlicher Gase, allen voran CO2 verkaufen kann, so lohnt es sich nicht nur für jedes Land, sondern auch für jedes Unternehmen, CO2-Emissionen zu senken. CO2 wird damit zu einer betriebswirtschaftlichen Variablen, die in die Berechnungen der Wirtschaftlichkeit eines Unternehmens einfließen kann. Es gibt natürlich auch Unternehmen, die von Anfang an CO2 Zertifikate hinzukaufen müssen, also nicht davon profitieren, doch soll dies die Unternehmen dazu bringen, in Technologie zu investieren, die CO2 reduziert, diese Technologie wäre dann nicht nur CO2 senkend sondern auch Kosten senkend, ein v. A. in der Wirtschaft nicht zu unterschätzender Vorteil. Insgesamt ist das Zeugnis, dass man der internationalen Klimaschutzpolitik ausstellen muss nur wenig befriedigend. Viel wurde verhandelt, Mechanismen besprochen, die zur Einführung von nationaler Klimaschutzpolitik führen könnten, weitere Ziele wurden ebenfalls formuliert, d.h. das Programm der nächsten Klimaverhandlungen war schon dieses Jahr eines der Themen. Bei genauerer Betrachtung wird das Urteil noch vernichtender, denn beim wichtigsten Thema, der Festlegung verbindlicher Reduktionsziele ist nicht viel passiert. Von den üblichen Vorreitern wie Deutschland, deren Reduktionsversprechen nie hoch genug ausfalle können und der gesamten EU einmal abgesehen hat sich nur wenig bewegt, neben Japan, Russland weigern sich die Vereinigten Staaten weiterhin, strikte Zielwerte für die Reduzierung der CO2-Emissionen einzuführen. So wurde ein neuer Entwurf eines Dokuments, welches die Verringerung des Kohlendioxid-Ausstoßes um 25 bis 40 Prozent bis zum Jahr 2020 vorschrieb, entschieden zurückge-wiesen. Abgesehen von strickten Zielwerten zur Reduzierung von CO2-Emissionen fehlt es immer noch an der rechtlichen Verbindlichkeit von Maßnahmen und Selbstverpflichtungen. Sollte dies und die Einbindung der USA, Japans, Russlands und anderer Reduktion nicht endlich 2009 geschehen, so ist die Eindämmung der Erderwärmung mit einer Temperaturerhöhung von max. +2°C kaum zu erreichen. Im Jahr 2009 wird sich zeigen, ob die Lehrern aus der ineffektiven Klimaschutzpolitik, die u.

A. systembedingt nicht in der Lage ist, für alle Länder vergleichbare verbindliche Reduktionsverpflichtungen auszuhandeln und Maßnahmen die einen nachhaltigen Effekt auf das Klima haben zu verabschieden. Das knappe Zeitfenster, das der Menschheit noch bleibt um den Klimawandel zu stoppen wird immer kleiner, und wenn Klimaschutzpolitik nicht endlich effektiver wird, so ist das Fenster bald geschlossen und wir können nur noch beobachten was passiert. Die Weigerung oder gar Unfähigkeit zu handeln, wird sich in einem Anstieg der Temperaturen niederschlagen und ungeahnte Kosten verursachen, die vor Allem unsere Kinder und Enkel begleichen müssen.

Die Industrieländer, sollten nicht erst 2009 abwarten um unverzüglich nationale Klimaschutzprogramme zu entwickeln, es ist jetzt wichtig, mit gutem Beispiel voranzugehen und der Welt zu zeigen, wie Wohlstand trotz oder gerade wegen der Klimaschutzmaßnahmen möglich sein kann, ein Wohlstandsmodell, das auf grünen Füßen steht. Erst wenn die übrige Welt erkennt, dass sich Klimaschutz nicht nur finanziell, sondern auch in einer Erhöhung des Lebensstandards auszahlen kann, wird es tendenziell möglich sein, das Problem gemeinschaftlich global anzugehen und die Risiken zu minimieren. Die Zeit wird knapp, wenn jetzt nicht gemeinschaftlich gehandelt wird, ist die Zukunft der Menschheit stark gefährdet.

6. Literatur

Bauer, A. (1992), International Cooperation over Greenhouse Gas Abatement, *working paper*, Seminar für empirische Wirtschaftsforschung, Universität München.

Benedick, Richard E. (1997): *Global Climate Change. The International Response.* WZB Discussion Paper FS II 97-401, Berlin: Wissenschaftszentrum Berlin.

Benedick, Richard E. (1998): *Das fragwürdige Kyoto-Klimaprotokoll. Unbeachtete Lehren aus der Ozongeschichte.* WZB Discussion Paper FS II 98-407, Berlin: Wissenschaftszentrum Berlin

Biermann, Frank (2000): "Stand und Fortentwicklung der internationalen Klimapolitik" *in:*Rolf Kreibich/Udo E. Simonis (Eds.): Global Change – Globaler Wandel. Ursachenkomplexe und Lösungsansätze, FS II 00-405 Berlin: Berlin Verlag

Cubasch, U. (2000). *Anthropogener Klimawandel.* Perthes Geographie kompakt. Gotha: Klett-Perthes.

Deutschland / Wissenschaftlicher Beirat Globale Umweltvera¨nderungen. (2001). *Neue Strukturen globaler Umweltpolitik.* Berlin [u.a.]: Springer.

Donges, J. B. (2003). *Globalisierungskritik auf dem Pru¨fstand: ein Almanach aus o¨konomischer Sicht.* Schriften zur Wirtschaftspolitik; N.F., Bd. 9. Stuttgart: Lucius & Lucius.

Böhringer, C., J. Jensen und T.F. Rutherford (2000), Energy Market

Projections and

Differentiated Carbon Abatement in the European Union, in: C. Carraro (ed.), *Efficiency and Equity of Climate Change Policy*, Kluwer, S. 199-220.

Hoel, M. (1991), Global Environmental Problems: The Effects of Unilateral Actions Taken by one Country, *Journal of Environmental Economics and Management* Vol. 20, S.55-70.

Kromp-Kolb, H., & Formayer, H. (2005). *Schwarzbuch Klimawandel: wie viel Zeit bleibt uns noch?* Salzburg: Ecowin.

Lang, G. (1999). *Globaler Klimawandel und Agrarsektor: empirische Analyse und wirtschaftspolitische Implikationen für die Bundesrepublik Deutschland.* Schriften zur angewandten Wirtschaftsforschung, 80. Tübingen: Mohr Siebeck.

Lucht, M., & Spangardt, G. (2005). *Emissionshandel ökonomische Prinzipien, rechtliche Regelungen und technische Lösungen für den Klimaschutz.* Berlin: Springer.

Petrick, K. (2003). *Markt und Staat im Klimaschutz: Ordnungspolitik und Interventionismus in einem System international handelbarer Emissionsrechte.* Berlin: Tenea.

Pappi, F. U. (2004). *Die Institutionalisierung internationaler Verhandlungen.* Frankfurt: Campus.